Vorwort

Fast jeder besitzt heutzutage ein Smartphone, viele auch einen Tablet-PC oder einen eBook-Reader. Da die Geräte an sich nicht sehr individuell sind, kann man sich mit einer einzigartigen, von Hand genähten Schutzhülle von der Masse abheben.

Zudem – Täschchen braucht man immer! Wer will schon, dass die unverzichtbaren Begleiter in der Handtasche zerkratzt werden? Egal ob für Smartphone, Tablet oder eBook-Reader – sie alle brauchen ein schickes und sicheres Zuhause.

In diesem Buch zeigen wir Ihnen eine kunterbunte Sammlung verschiedenster Schutzhüllen. Hier findet sicher jeder ein passendes Modell! Und wem die Auswahl im Buch noch nicht genügt, der findet unter www.christophorus-verlag.de noch eine weitere Anleitung.

Ob retro, romantisch, niedlich oder frech – alle Projekte können leicht nachgearbeitet werden. Geben Sie Ihrem Gerät den ganz persönlichen Touch oder nähen Sie im Handumdrehen ein zauberhaftes Geschenk.

Viel Spaß & Inspiration wünschen Ihnen

Cecilia Hanselmann

&

Ella Hartmann

Wie Sie mit diesem Buch arbeiten

Für die Modelle in diesem Buch müssen Sie kein Nähprofi sein. Alle Anleitungen sind ausführlich, aber einfach gehalten und sollten so auch von ungeübten Näherinnen und Nähern leicht umzusetzen sein.

Ein bisschen Mitdenken ist jedoch bei der Hüllengröße gefragt:

Für die Hüllen wurden die Maße von zurzeit gängigen Elektronik-Modellen verwendet. Sie sind jeweils mit Breite x Höhe x Tiefe (B x H x T) angegeben. Da jedoch immer wieder neue Geräte auf den Markt kommen, ist es nicht möglich alle evtl. benötigten Zuschnitt-Varianten anzugeben.

Die Hülle sollte jedoch möglichst exakt auf Ihr persönliches Gerät passen, damit es später nicht hin- und herwackelt sondern satt darin sitzt.

Messen Sie daher zunächst an Ihrem Gerät die Breite, die Höhe und die Tiefe aus und vergleichen Sie die Maße mit unseren Angaben. Falls die Größe Ihres Geräts von unseren Maßen abweicht, lassen sich die entsprechenden Zuschnitt-Maße in der Regel nach einer **allgemeinen Formel** neu berechnen:

Für Vorder-/Rückteil der Außenhülle:
Breite + Tiefe + 2 cm x Höhe + Tiefe + 2 cm = Zuschnitt-Breite x Zuschnitt-Höhe

Für Vorder-/Rückteil bei Filz-Futter:
Breite + Tiefe + 1,5 cm x Höhe + Tiefe + 1,5 cm = Zuschnitt-Breite x Zuschnitt-Höhe.

Diese Maße enthalten bereits 0,75 cm Nahtzugabe.

Genäht wird mit einer Nahtzugabe von 0,75 cm, falls nicht anders angegeben.

Für einige Modelle finden Sie originalgroße Schnittteile auf dem Vorlagebogen am Ende des Buches. Sie enthalten bereits die Nahtzugabe. Pausen Sie diese jeweils auf Transparent- oder Schneiderpapier ab, dabei ggf. die eingezeichneten Markierungen mit übertragen. Falls für Ihr Gerät die Größe der Schnittteile geändert werden muss, geht das in der Regel so:

Für Schnittteile:

Breite + Tiefe + in der Anleitung angegebene Zugabe in cm = neue Schnittteilbreite
Höhe + Tiefe + in der Anleitung angegebene Zugabe in cm = neue Schnittteilhöhe.
Diese Maße enthalten bereits 0,75 cm Nahtzugabe.
Dann das Schnittteil horizontal und/oder vertikal mittig durchschneiden. Die Teile in entsprechendem Abstand der fehlenden Länge auf ein Blatt Papier kleben, die Lücken am Rand mit einem Stift schließen und das neue Schnittteil ausschneiden.

Je nachdem, wie stark Sie das Schnittteil verlängert oder verbreitert haben, müssen Sie ggf. auch Applikationsteile anpassen. Hierfür entweder die jeweiligen Schnittteile wie zuvor beschrieben zerschneiden oder, bei wenig Größenunterschied, auf ein Blatt Papier kleben und mit einigen Millimetern Zugabe umranden.
Applikationsvorlagen sind jeweils in Originalgröße, und falls nötig seitenverkehrt gezeichnet.
Da sich alle **Materialangaben** stets auf die ursprünglich angegebene Größe beziehen, müssen Sie hier entsprechend mehr oder weniger Material einplanen, wenn Sie die Größen verändert haben.

TIPP: Wenn Sie eine Hülle verschenken möchten, ermitteln Sie am besten (unauffällig) das genaue Geräte-Modell und erkundigen sich beim Fachhändler oder im Internet nach den exakten Maßen.

Auf den Umschlagseiten finden Sie ein **kleines Nählexikon** und **Technik-Basics** mit Erklärungen zu Hand-Stickstichen. In den Anleitungen sind als Hinweis darauf die entsprechenden Stichwörter mit einem Sternchen versehen.

Grundausrüstung

Zusätzlich zur Nähmaschine gehören noch einige andere Utensilien in Ihr Nähkästchen. Die folgenden Dinge sind in den Anleitungen nicht gesondert aufgeführt:

· Bügeleisen
· Stecknadeln
· Nähgarn
· Schneiderkreide
· Nahttrenner
· Maßband
· Näh-/Sticknadeln
· Stoffschere
· Rollschneider
· Schneidematte
· Papier & Stift
· Lineal

Tropfen

Fast plastisch wirkt der Tropfen auf der Vorderseite dieser Hülle.
Dieser Effekt entsteht durch eine eingearbeitete Falte.

Diese Hülle eignet sich für ein Smartphone
mit den Maßen 6 x 12 x 1 cm.
Für andere Geräte lassen sich die Zuschnitt-
Maße wie folgt berechnen:
Faltenteile (A) und (A2): Breite + Tiefe +
2 cm x ⅔ der Höhe + 1 cm
Rückteil, Vorderteil und Futterteile: Breite +
Tiefe + 2 cm x Höhe + Tiefe + 2 cm

Material:

· Baumwollstoff mit Tropfenmotiv, blau-
  rot-weiß: 20 x 35 cm (bzw. so viel Stoff,
  dass die beiden Quadrate mit gleichem
  Motiv ausgeschnitten werden können)
· Baumwollstoff, rot-weiß kariert:
  20 x 20 cm
· Bastelfilz, rot: 20 x 20 cm
· Dünnes, aufbügelbares Volumenvlies:
  20 x 20 cm
· Schrägband, hellblau: 10 cm
· Zackenlitze, rot: 10 cm
· 1 Kunststoffdruckknopf, rot

Zuschneiden:

Baumwollstoff, blau mit Motiv:
· 2 Quadrate à 9 x 9 cm, so dass je
  1 Tropfen-Motiv mittig liegt (Faltenteile A)
· 1 Rechteck à 9 x 15 cm (Rückteil)
· 1 Streifen à 4 x 6,5 cm
  (Verschlusslasche)
Baumwollstoff, rot-weiß kariert:
· 1 Quadrat à 9 x 9 cm (Faltenteil A2)
· 1 Rechteck à 9 x 15 cm (Vorderteil)
Bastelfilz, rot:
· 2 Rechtecke à 9 x 15 cm (Futter)
· 1 Rechteck à 4 x 6,5 cm
  (Verschlusslasche)
Volumenvlies:
· 2 Rechtecke à 9 x 15 cm
· 1 Streifen à 4 x 6,5 cm

So wird's gemacht:

1. Unterbügeln Sie Vorderteil, Rückteil und
Verschlusslasche mit Volumenvlies.
2. Markieren Sie beim Faltenteil A2 am oberen und unteren Rand mit einem winzigen
Scherenknips die Mitte.

3. Die Faltenteile A jeweils links auf links zur die Hälfte falten und mit der Bruchkante auf die Mitte (Scherenknipse) von Faltenteil A2 legen. Heften Sie die Außenkanten aufeinander.

4. Fassen Sie die obere Kante mit dem Schrägband ein und steppen Sie anschließend die Zackenlitze über die Ansatznaht.

5. Das fertige Faltenteil mit der Unterkante bündig auf das Vorderteil legen.

6. Legen Sie das Rückteil rechts auf rechts obenauf und stecken Sie die Lagen zusammen.

7. Nähen Sie die seitlichen und die unteren Kanten zusammen. Die Nahtzugaben an den Ecken zurückschneiden, siehe Verstürzte Naht, gerade Kanten*.

8. Für die Verschlusslasche legen Sie die Streifen rechts auf rechts aufeinander und nähen die Außenkanten bis auf eine Schmalkante zusammen. Die Nahtzugaben an den Ecken zurückschneiden. Wenden Sie den Streifen, bügeln Sie die verstürzten Kanten flach und steppen Sie sie knappkantig ab.

9. Heften Sie die Verschlusslasche rechts auf rechts am oberen Rand in der Mitte an die Rückseite.

10. Nähen Sie die Futterteile an den seitlichen und unteren Kanten zusammen.

11. Stecken Sie die Futterhülle rechts auf rechts in die Außenhülle. Achten Sie dabei darauf, dass sich die Seitennähte genau treffen.

12. Nähen Sie die oberen Kanten rundum zusammen, dabei am Vorderteil eine Wendeöffnung (ca. 5 cm) lassen.

13. Wenden Sie die Hülle und stülpen Sie das Futter in die Außenhülle.

14. Schlagen Sie die Nahtzugaben an der Wendeöffnung nach links ein und stecken Sie die offenen Kanten aufeinander. Steppen Sie den oberen Rand knappkantig ab, dabei wird die Wendeöffnung geschlossen.

15. Bringen Sie an der Verschlusslasche im Abstand von ca. 0,5 cm zur vorderen Schmalkante das Druckknopfoberteil und passend dazu auf dem Hüllenvorderteil das Druckknopfunterteil an.

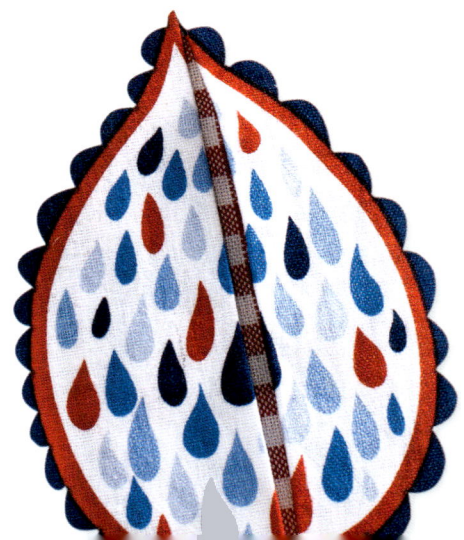

Katzenmusik

Diese süße Katze macht jeden Musikgeschmack mit – und hält zudem ein aufgenähtes Täschchen für Kopfhörer bereit.

Diese Hülle eignet sich für ein Smartphone mit den Maßen 6 x 12 x 1 cm.
Für andere Geräte können Sie die Schnittteile wie auf Seite 3 beschrieben anpassen.
Breite + Tiefe + 2,5 cm x Höhe + Tiefe + 3,5 cm

Material:

· Textilfilz, cremeweiß: 20 x 25 cm
· Bastelfilz, kamelbeige: 20 x 25 cm
· Reste Bastelfilz: rosa, weiß und hellgrau
· Sticktwist in den Filzfarben und in Schwarz
· Klebestift

Vorbereiten:

Fertigen Sie die Schnittteile an.
Die Vorlagen finden Sie auf dem Bogen B.

Zuschneiden:

Bastelfilz, cremeweiß:
· 2x das Vorder-/Rückteil (Außenhülle)
Bastelfilz, kamelbeige:
· 2x das Vorder-/Rückteil (Futter)
Bastelfilz, rosa:
· 1 Schnauze
· 2 Ohren

Bastelfilz, kamelbeige:
· 1 Pfote
· 1 seitengespiegelte Pfote
· 1 Schwanz
Bastelfilz, grau:
· 4 kleine Fellflecken
· 3 großen Fellflecken
Bastelfilz, weiß:
· 2 Taschen

So wird's gemacht:

1. Legen Sie die Teile für das aufgesetzte Täschchen exakt aufeinander und steppen Sie die gerundeten Kanten knappkantig zusammen. Die geraden Kanten (= Eingriffkante) nähen Sie mit passendem Sticktwist (2-fädig) mit Langettenstichen* aufeinander.

2. Täschchen gemäß der Abbildung auf das Vorderteil legen und mit Überwendlichstichen* festnähen.

3. Kleben Sie alle weiteren Applikationen gemäß den Abbildungen mit etwas Klebestift auf das Vorder- sowie das Rückteil.

4. Applizieren Sie die Teile mit passendem Sticktwist und Überwendlichstichen.

5. Augen und Mund sticken Sie mit schwarzem Sticktwist mit Rück-/Steppstichen*.

6. Unterlegen Sie das Vorder- und das Rückteil jeweils mit einem Futterteil. Nähen Sie die oberen Kanten der Lagen jeweils mit passendem Sticktwist und Langettenstichen zusammen.

7. Legen Sie Vorder- und Rückteil links auf links kantenbündig aufeinander. Nähen Sie die seitlichen und unteren Kanten mit passendem Sticktwist und Langettenstichen zusammen.

Must-haves
für
Schnurrbartfans!

Gentleman

Schlicht und elegant, in Filz verpackt, kommt dieser Gentleman
mit Monokel daher.

Diese Hülle eignet sich für einen Tablet-PC
mit den Maßen 16 x 24 x 1 cm.
Für andere Geräte können Sie die Zuschnitt-
Maße nach der allgemeinen Formel auf
Seite 2 berechnen.

Material:

· Textilfilz, grau: 25 x 60 cm
· Bastelfilz, gelb: 25 x 60 cm
· Bastelfilz, schwarz: 15 x 20 cm
· Sticktwist: gelb und grau
· Schneiderkopierpapier in Weiß
· Bastel-Skalpel

Vorbereiten:

Pausen Sie das »Gentleman«-Motiv ab.
Die Vorlage finden Sie auf dem Bogen A.

Zuschneiden:

Textilfilz, grau:
· 2 Rechtecke à 19 x 27 cm
  (Vorder-/Rückteil)
Bastelfilz, gelb:
· 2 Rechtecke à 19 x 27 cm (Futter)
Bastelfilz, schwarz:
· 1 Rechteck à 15 x 20 cm
  (Motiv-Unterlage)

So wird's gemacht:

1. Legen Sie die Vorlage entsprechend der
Abbildung auf ein graues Filz-Rechteck
(= Vorderteil). Unterlegen Sie das Kopier-
papier und fahren Sie die Motive mit einem
stumpfen Stift nach.
2. Schneiden Sie Hut und Schnurrbart mit
dem Bastel-Skalpell sorgfältig aus.
3. Unterlegen Sie das Motiv mit dem
schwarzen Filz-Rechteck.
4. Umranden Sie Hut und Schnurrbart abbildungsgemäß knapp neben den Schnittkanten mit Vorstichen* mit Sticktwist in
Gelb (3-fädig). Sticken Sie mit gleichem
Stich den Kreis für das Monokel auf.
5. Schneiden Sie den schwarzen Filz jeweils
bis ca. 1 cm vor die Nähte zurück.
6. Unterlegen Sie das fertige Vorderteil sowie das Rückteil mit einem Futter-Rechteck.
7. Nähen Sie jeweils die oberen Kanten
der Lagen mit passendem Sticktwist mit
Langettenstichen* zusammen.
8. Legen Sie Vorder- und Rückteil links auf
links kantenbündig aufeinander und nähen
Sie die seitlichen und unteren Kanten mit
passendem Sticktwist und Langettenstichen
aufeinander.

Moustache

Ein Schnurrbart kommt selten allein! Passend zum großen Bruder Gentleman gibt es hier die Hülle fürs Smartphone.

Diese Hülle eignet sich für ein Smartphone mit den Maßen 6 x 12 x 1 cm.
Für andere Geräte können Sie die Zuschnitt-Maße nach der allgemeinen Formel auf Seite 2 berechnen.

Material:
· Textilfilz, grau: 20 x 25 cm
· Bastelfilz, gelb 20 x 30 cm
· Kunstleder, beige: 5 x 15 cm
· Sticktwist: grau und schwarz
· Bastel-Skalpell
· Evtl. einen Teflon- oder Lederfuß für die Nähmaschine

Vorbereiten:
Fertigen Sie eine Schablone für den Schnurrbart an.
Die Vorlage finden Sie auf dem Bogen A.

Zuschneiden:
Textilfilz, grau:
· 2 Rechtecke à 9 x 15 cm (Vorder-/Rückteil)
Bastelfilz, gelb:
· 2 Rechtecke à 9 x 15 cm (Futter)
· 1 Streifen à 3 x 12 cm (Verschlusslasche)

Leder:
· 1 Streifen à 3 x 12 cm (Verschlusslasche)

So wird's gemacht:
1. Legen Sie die Schnurrbart-Schablone gemäß der Abbildung auf ein graues Filz-Rechteck (= Vorderteil). Zeichnen Sie die Kontur auf.
2. Schneiden Sie den Schnurrbart mit dem Bastel-Skalpell sorgfältig aus.
3. Unterlegen Sie das Vorderteil mit einem Futter-Rechteck. Stecken Sie die Außenkanten zusammen.
4. Umranden Sie den Schnurrbart abbildungsgemäß knapp neben der Schnittkante mit Vorstichen* mit Sticktwist in Schwarz (3-fädig).
5. Für die Verschlusslasche legen Sie den Lederstreifen mit der linken Seite nach unten zeigend auf den Filzstreifen und nähen die Streifen rundum knappkantig zusammen.
TIPP: Damit das Leder gut transportiert wird, kann hier ein Teflon- oder Lederfuß nützlich sein.
6. Unterlegen Sie das Rückteil mit einem Futter-Rechteck. Stecken Sie die Außenkanten zusammen.

14

7. Nähen Sie an Vorder- und Rückteil jeweils die oberen Kanten mit passendem Stick-twist mit Langettenstichen* zusammen.

8. Legen Sie den Verschlussstreifen ca. 8 cm unterhalb der oberen Kante mittig auf das Rückteil. Steppen Sie ihn in der bestehenden Steppnaht, sowie 1x quer 1 cm unterhalb der oberen Kante des Rückteils fest.

9. Vorder- und Rückteil links auf links kan-tenbündig aufeinander legen. Nähen Sie die seitlichen und unteren Kanten mit passen-dem Sticktwist und Langettenstichen auf-einander.

10. Bringen Sie an der Verschlusslasche im Abstand von ca. 1,5 cm zur vorderen Schmalkante das Druckknopfoberteil und passend dazu auf dem Hüllenvorderteil das Druckknopfunterteil an.

Shabby Chic

Romantisches Flair verbreitet die verspielte Hülle durch Rosenstoff, Spitze und eine gedruckte Damensilhouette.

Diese Hülle eignet sich für ein Smartphone mit den Maßen 6,5 x 12,5 x 1 cm.
Für andere Geräte können Sie die Zuschnitt-Maße wie folgt berechnen:
Vorder-/Rückteil und Futter: Breite + Tiefe + 3 cm x Höhe + Tiefe + 3 cm

Material:

· Baumwollstoff, weinrot mit Rosenmuster:
  25 x 35 cm
· Baumwollstoff, creme mit Rosenmuster:
  25 x 35 cm
· Dünnes, aufbügelbares Volumenvlies:
  25 x 35 cm
· Dünne, aufbügelbare Einlage:
  25 x 35 cm
· Klöppelspitze, ca. 2 cm breit, creme:
  50 cm
· Samtband, 8 mm breit, rosa: 12 cm
· Knopf ca. 2,5 cm Ø
· Sticktwist, weinrot
· Kreativ-Stoff zum Bedrucken
· Beidseitig klebendes Appliziervlies:
  10 cm x 10 cm

Vorbereiten:

Drucken Sie das Medaillon-Motiv gemäß Herstellerangaben auf den Kreativ-Stoff. Die Vorlage finden Sie auf dem Bogen A.

Zuschneiden:

Baumwollstoff, weinrot:
· 2 Rechtecke à 10,5 x 16,5 cm
  (Vorder-/Rückteil)
Baumwollstoff, creme:
· 2 Rechtecke à 10,5 x 16,5 cm (Futter)
Dünnes, aufbügelbares Volumenvlies:
· 2 Rechtecke à 10,5 x 16,5 cm
Dünne, aufbügelbare Einlage:
· 2 Rechtecke à 10,5 x 16,5 cm

So wird's gemacht:

1. Hinterbügeln Sie die Rechtecke aus wein-rotem Baumwollstoff jeweils mit dem Volumenvlies, die Rechtecke aus dem cremefarbenen Baumwollstoff jeweils mit der dünnen Einlage.

2. Schneiden Sie das Medaillon mit reichlich Zugabe, sowie ein entsprechend großes Stück Appliziervlies aus. Hinterbügeln Sie das Medaillon mit dem Appliziervlies. Nun schneiden Sie die Medaillonform exakt aus und ziehen das Trägerpapier ab. Gemäß der Vorlage platzieren Sie das Medaillon auf dem Vorderteil und bügeln es vorsichtig auf.

3. Umsticken Sie das Medaillon mit Sticktwist in Rot (2-fädig), in einem Buntstich nach Wahl, z.B. einem Hexenstich.

4. Stecken Sie die Baumwollspitze an den seitlichen Kanten und der unteren Kante rechts auf rechts auf das Vorderteil, die Zacken zeigen zur Mitte. Die Spitze sollte ca. 5 mm neben der Schnittkante liegen. Legen Sie die Spitze in den Ecken in kleine Falten und schneiden Sie die überstehende Spitze an den Enden ab.

5. Legen Sie das Samtband zur Schlaufe und platzieren Sie es auf dem Rückteil, an der oberen Kante, mittig. Die Schlaufe zeigt nach unten, die Schnittkanten sind bündig mit dem Rückteil.

6. Legen Sie Rück- und Vorderteil rechts auf rechts aufeinander und nähen Sie beide Teile an den seitlichen und unteren Kanten zusammen.

7. Nähen Sie das Futter wie die Außenseite, hier jedoch an einer Seitenkante eine Wendeöffnung (ca. 4 cm) lassen.

8. Ziehen Sie Futter und Außenseite rechts auf rechts übereinander und nähen Sie die Teile entlang der oberen Kanten zusammen.

9. Jetzt die Hülle wenden, Öffnung mit Überwendlichstichen* schließen und das Futter in die Außenseite stülpen.

10. Bügeln Sie die oberen Kanten flach und nähen Sie den Knopf passend zur Schlaufe auf das Vorderteil.

Schatz

So einen Schatz hätte wohl jeder gerne! Nebeneinander gelegt, ergänzen sich die gestickten Schriften dieser Partnerhüllen perfekt.

Diese Hüllen eignen sich für Smartphones mit den Maßen 6 x 12 x 1 cm.

Für andere Geräte können Sie die Zuschnitt-Maße wie folgt berechnen:

½ Vorderteil mit Klappe: ½ Breite + ½ Tiefe + 2 cm x Höhe + Tiefe + 10,5 cm

Rückteil: Breite + Tiefe + 2 cm x Höhe + Tiefe + 2 cm

Futter-Vorderseite mit Klappe: Breite + Tiefe + 1,5 cm x Höhe + Tiefe +10 cm

Futter- Rückteil: Breite + Tiefe + 1,5 cm x Höhe + Tiefe + 1,5 cm

Verschlussstreifen: 6 cm x Breite + Tiefe + 2 cm

Material:

Für beide Hüllen:

· Leinenstoff, natur: 25 x 30 cm
· 2 Baumwollstoffe mit korrelierenden Mustern, altrosa/korallrot und petrol/ grau: je 15 x 45 cm
· Sticktwist: altrosa und petrol
· Dünnes aufbügelbares Volumenvlies: 12 x 80 cm
· Bastelfilz, hellgrau und -braun: je 10 x 40 cm
· Bügelmusterstift
· Stickrahmen

Vorbereiten:

Pausen Sie die Stickvorlagen auf Transparentpapier. Die Vorlagen finden Sie auf dem Bogen A.

Zuschneiden:

Für beide Hüllen:

Baumwollstoffe:

· je 1 Streifen à 5,25 x 23 cm (½ Vorderteil mit Klappe)
· je 1 Rechteck à 9 x 15 cm (Rückteil)

19

Leinen:
· 1 Rechteck à 25 x 30 cm (Stickgrund für
  die beiden bestickten ½ Vorderteile mit
  Klappe)
· 1 Streifen à 6 x 18 cm (Verschlusslaschen)
Volumenvlies:
· 2 Rechtecke à 9 x 23 cm
  (Vorderteile mit Klappe)
· 2 Rechtecke à 9 x 15 cm (Rückteile)
Filz:
· je 1 Rechteck à 8,5 x 22,5 cm (Futter)
· je 1 Rechteck à 8,5 x 14,5 cm (Futter)

So wird's gemacht:

1. Für beide bestickten ½ Vorderteile mit
Klappe zeichnen Sie zunächst auf der rechten
Seite des Leinens mittig 1 Rechteck à 10,5
x 23 cm auf und markieren in Langsrichtung
die Mittellinie = 2 Streifen à 5,25 x 23 cm.
2. Fahren Sie die Linien der Stickvorlage
auf der Papier-Rückseite mit dem Bügelmusterstift nach. Legen Sie die Stickvorlage mit 3,5 cm Abstand zur rechten Schmal-
seite auf das Leinen-Rechteck. Die Mittel-
linien von Stickvorlage und Rechteck
treffen aufeinander. Bügeln Sie die Stickvorlage auf.
3. Sticken Sie den Schriftzug gemäß der
Abbildung mit Plattstichen* und Rück-/
Steppstichen* auf. Nehmen Sie dabei für
die obere Hälfte Sticktwist in Altrosa, für
die untere Hälfte Sticktwist in Petrol.
4. Schneiden Sie nun jeweils die bestickten
Streifen aus, achten Sie dabei darauf, dass

die Stickfäden nicht beschädigt werden.
5. Für die Vorderteile nähen Sie je einen
bestickten Leinenstreifen und einen Muster-
stoffstreifen an den langen Kanten nebeneinander zusammen. Beachten Sie, dass
die Streifenanordnung gegengleich sein
muss, damit die Schrifthälften sich ergänzen.
(Zur Kontrolle die entstanden Flächen nebeneinander legen!)
6. Unterbügeln Sie Vorder- und Rückteile
mit Volumenvlies.
7. Für die Verschlusslaschen den Leinenstreifen einbügeln* und an den Langsseiten
knappkantig absteppen. Streifen halbieren
und die Stücke jeweils 3 cm unterhalb der
oberen Kante quer auf ein Rückteil legen.
8. Legen Sie je ein Vorderteil mit Klappe
und ein Rückteil an den unteren Kanten
bündig rechts auf rechts aufeinander und
nähen Sie die seitlichen und unteren Kanten
zusammen.
9. Nähen Sie das Filz-Futter jeweils wie die
Außenseite, hier jedoch an einer seitlichen
Kante eine Wendeöffnung (ca. 4 cm) lassen.
10. Ziehen Sie je ein Futter und eine Außenseite rechts auf rechts übereinander und
nähen Sie die Teile entlang der offenen
Kanten zusammen. Wenden Sie die Hüllen.
Formen Sie Ecken und Kanten von innen
sorgfältig aus.
11. Schließen Sie die Wendeöffnungen mit
Überwendlichstichen* und schieben Sie jeweils das Futter in die Außenseite.

MONSTER

Eifrig bewacht dieses kleine Filz-Monster Smartphone und Kopfhörer seines Eigentümers.

Diese Hülle eignet sich für ein Smartphone mit den Maßen 6,5 x 12,5 x 1 cm.
Für andere Geräte können Sie die Schnittteile wie auf Seite 3 beschrieben anpassen.
Breite + Tiefe + 1,5 cm x Höhe + Tiefe + 1,5 cm
Je nachdem, wie stark Sie das Vorderteil verbreitert/verschmälert haben, können noch Zähne hinzugefügt oder weglassen werden.

MATERIAL:

· Textilfilz, grün: 15 x 30 cm
· Bastelfilz, weiß: ca. 2 x 5 cm
· Filz, schwarz: ca. 2 x 2 cm
· Kleiner Druckknopf zum Annähen
· Sticktwist: giftgrün, weiß und schwarz
· Textilkleber

VORBEREITEN:

Fertigen Sie die Schnittteile an.
Die Vorlagen finden Sie auf dem Bogen B.

ZUSCHNEIDEN:

Textilfilz, grün:
· 1x das Rückteil
· 1x das obere Vorderteil
· 1x das untere Vorderteil
· 1 Arm

Bastelfilz, weiß:
· 5 Zähne
· 2 Augen
Bastelfilz, schwarz:
· 2 Pupillen

SO WIRD'S GEMACHT:

1. Fixieren Sie die Zuschnitte für die Zähne jeweils mit einem Tropfen Textilkleber auf dem entsprechenden »Zahn« der Vorderteile und nähen Sie sie mit Überwendlichstichen* mit passendem Sticktwist (2-fädig) auf.
2. Kleben und nähen Sie Augen und Pupillen gemäß der Vorlage in gleicher Weise auf das obere Vorderteil.
3. Platzieren Sie den Arm auf dem unteren Vorderteil und nähen Sie ihn an der seitlichen Kante mit Überwendlichstichen fest.
4. Nähen Sie auf die Unterseite der »Hand« eine Hälfte des Druckknopfs, die andere Hälfte entsprechend auf das untere Vorderteil.
5. Platzieren Sie das obere und untere Vorderteil auf dem Rückteil und nähen Sie die Lagen ringsum mit Überwendlichstichen zusammen.

Tangram

Vom Tangram-Spiel inspiriert, leuchten die applizierten Dreiecke in Neonfarben um die Wette.

Diese Hülle eignet sich für ein Tablet mit den Maßen 16 x 24 x 1 cm.
Für andere Geräte lassen sich die Zuschnitt-Größen nach der allgemeinen Formel auf Seite 2 berechnen.

Material:

· Baumwollstoff, weiß-schwarz mit Dreiecken: 25 x 60 cm
· Bastelfilz, neonpink: ca. 25 x 60 cm
· Bastelfilz, neongrün, neonorange, neongelb: je 5 x 10 cm
· Dünnes, aufbügelbares Volumenvlies: ca. 25 x 60 cm
· Nähgarn, neonorange und neongelb
· Beidseitig klebendes Appliziervlies: 5 x 25 cm

Vorbereiten:

Pausen Sie das Dreieck 8x auf Applizier-vlies, siehe Applizieren*.
Die Vorlage finden Sie auf dem Bogen A.

Zuschneiden:

Baumwollstoff:
· 2 Rechtecke à 19 x 27 cm (Vorder-/Rückteil)
Bastelfilz, pink:
· 2 Rechtecke à 18 x 26 cm (Futter)
· 2 Dreieck-Applikationen
Bastelfilz, grün, orange, gelb:
· je 2 Dreieck-Applikationen
Volumenvlies:
· 2 Rechtecke à 19 x 27 cm

So wird's gemacht:

1. Unterbügeln Sie die Vorder- und Rückteile mit Volumenvlies.
2. Bügeln Sie die Filzdreiecke gemäß der Abbildung möglichst exakt ausgerichtet auf ein schwarz-weiß gemustertes Rechteck (=Vorderseite).
3. Steppen Sie entlang jeder Dreieckkante mit Neongarn zwei Nähte: Einmal knapp-kantig an der Innenkante, einmal knapp-kantig neben der Außenkante des Dreiecks. Nähen Sie dabei möglichst so, dass mit einer durchgehenden Naht gleich mehrere Dreiecke nacheinander abgenäht werden.

4. Legen Sie die Futter-Rechtecke jeweils auf die rechte Seite von Vorder- und Rückteil und nähen Sie die Lagen rundum zusammen, dabei am oberen Rand eine Wendeöffnung (ca. 5 cm breit) lassen.

5. Schneiden Sie die Nahtzugaben an den Ecken zurück, siehe Verstürzte Naht, gerade Kanten*.

6. Wenden Sie die Teile und formen Sie Ecken und Kanten sorgfältig aus.

7. Schlagen Sie die Nahtzugaben an den Wendeöffnungen nach links ein und bügeln Sie die gesamten Teile flach.

8. Steppen Sie die oberen Kanten knappkantig ab, dabei werden die Wendeöffnungen geschlossen

9. Legen Sie Vorder- und Rückteil exakt kantenbündig links auf links aufeinander. Steppen Sie die seitlichen und unteren Kanten knappkantig zusammen.

TIPP: Tangram ist ein altes chinesischen Legespiel. Der Fantasie sind hier keine Grenzen gesetzt! Probieren Sie einfach mal aus, die Dreiecke zu verschiedenen Formen zusammenzulegen und gestalten Sie so Ihre ganz individuelle Hülle.

50's

An die Zeiten des Rock'n'Roll erinnert diese Hülle mit
Pünktchenstoff und Schleife.

Diese Hülle eignet sich für ein Smartphone
mit den Maßen 6 x 11,5 x 1 cm.
Für andere Geräte können Sie das Schnittteil wie auf Seite 3 beschrieben anpassen.
Breite des Taschenbügels + 2 cm x Höhe +
4 cm

Volumenvlies:
· 2x das Vorder-/Rückteil
Satinband:
· 2 Stücke à 10 cm
· je 1 Stück à 17 cm/14 cm und 3 cm

Material:

· Baumwollstoff, rot mit weißen Punkten:
  ca. 20 x 50 cm
· Dünnes, aufbügelbares Volumenvlies:
  ca. 20 x 25 cm
· Satinband, 1,5 cm breit,
  cremefarben mit Punkten: 45 cm
· Taschenbügel zum Annähen,
  ca. 8 cm breit

Vorbereiten:

Fertigen Sie das Schnittteil an.
Die Vorlage finden Sie auf dem Bogen A.

Zuschneiden:

Baumwollstoff:
· 4x das Vorder-/Rückteil
  (Außenhülle und Futter)

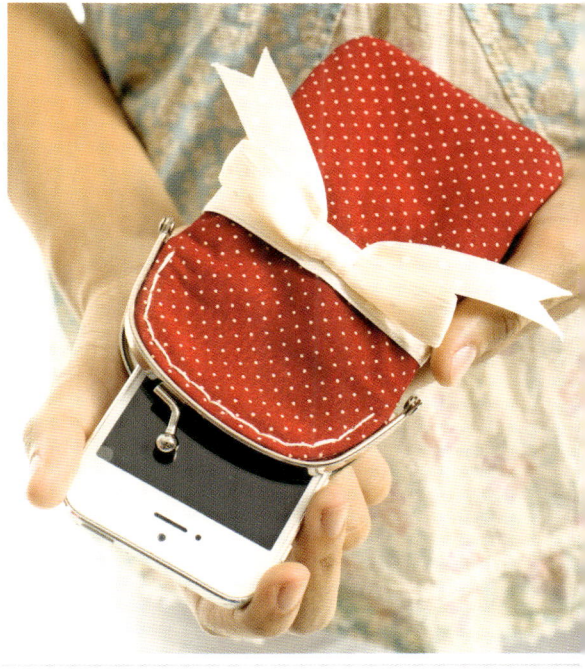

So wird's gemacht:

1. Hinterbügeln Sie für die Außenhülle zwei der Baumwollzuschnitte mit Volumenvlies.

2. Platzieren Sie auf den Außenteilen jeweils ein 10 cm langes Stück Satinband gemäß der Vorlage und nähen Sie die Enden knapp neben der Schnittkante an den seitlichen Kanten auf dem Baumwollstoff fest.

3. Nähen Sie die Außenteile rechts auf rechts zusammen, lassen Sie den oberen Rand bis zur Schnittmarkierung offen.

4. Nähen Sie die verbliebenen Baumwollteile für das Futter genauso zusammen, hier jedoch an einer seitlichen Kante eine Wendöffnung (ca. 4 cm) lassen.

5. Ziehen Sie Futter und Außenhülle rechts auf rechts übereinander und nähen Sie die Teile entlang der oberen Kanten zusammen. Achten Sie darauf, dass die Seitennähte von Außenhülle und Futter exakt aufeinander treffen. Schneiden Sie die Nahtzugaben an den oberen Kanten auf ca. 3 – 4 mm zurück, siehe Verstürzte Kanten, Rundungen*.

6. Nun wird die Hülle gewendet, gebügelt (dabei die Rundung der oberen Kanten schön herausarbeiten) und die Wendeöffnung von Hand mit Überwendlichstichen* geschlossen.

7. Öffnen Sie den Taschenbügel. Platzieren Sie eine der oberen gerundeten Hüllen-Kanten mit der Außenseite an eine Hälfte des Taschenbügels und nähen Sie die Kante mit Rück-/Steppstichen* mit Sticktwist (3-fädig) durch die Perforation des Taschenbügels an. Mit der anderen Seite ebenso verfahren.

8. Legen Sie das 17 cm lange Satinband zum Ring: die beiden Enden überlappen sich leicht. Legen Sie den Ring zur Hälfte flach, die Enden liegen in der hinteren Mitte und fixieren Sie die entstandene Schlaufe mittig mit einigen Stichen. Über diesen Stichen fixieren Sie wiederum die Mitte des 14 cm langen Bandes. Legen Sie nun den 3 cm langen Zuschnitt um die Mitte der Schleife herum und nähen Sie ihn auf der Rückseite zusammen.

9. Zum Schluss wird die Schleife mittig auf dem Satinband der Vorderseite angenäht. Schneiden Sie die Enden des 14 cm langen Stückes abbildungsgemäß ein.

Gadgets
für Retrofans

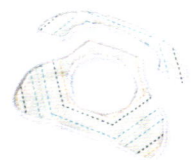

Old school

Nostalgiker kommen bei dem applizierten Telefon voll auf ihre Kosten.

Diese Hülle eignet sich für ein Smartphone mit den Maßen 6 x 11,5 x 1 cm.
Für andere Geräte können Sie die Schnitt-teile wie auf Seite 3 beschrieben anpassen.
Vorderteil: Breite + Tiefe + 2 cm x Höhe +Tiefe + 1 cm
Rückteil mit Klappe: Breite + Tiefe + 2 cm x Höhe + 5,5 cm

Material:
· Baumwollstoff, mit Pünktchenmuster: 25 x 50 cm
· Baumwollstoff, hell mit Strichmuster: 8 x 8 cm
· Dünnes, aufbügelbares Volumenvlies: 25 x 25 cm
· Beidseitig klebendes Appliziervlies: 8 x 8 cm
· 1 Kunststoffdruckknopf, gelb

Vorbereiten:
Fertigen Sie die Schnittteile an. Pausen Sie die Telefonteile auf das Appliziervlies, siehe Applizieren*.
Die Vorlagen finden Sie auf dem Bogen A.

Zuschneiden:
Baumwollstoff mit Pünktchenmuster:
· 2x das Vorderteil (Außenhülle und Futter)
· 2x das Rückteil mit Klappe (Außenhülle und Futter)
Baumwollstoff mit Strichmuster:
· Telefon-Applikation
Volumenvlies:
· 1x das Vorderteil
· 1x das Rückteil mit Klappe

So wird's gemacht:
1. Hinterbügeln Sie je ein Vorderteil und ein Rückteil mit Klappe mit Volumenvlies.
2. Gemäß der Vorlage platzieren Sie das Telefon-Motiv auf dem Vorderteil und bügeln es vorsichtig auf. Applizieren Sie das Motiv entlang der Kanten mit engem Zickzack-stich (Stichlänge 0,5, Stichbreite 2 mm).
3. Legen Sie für die Außenhülle die Teile mit Volumenvlies an den unteren Kanten bündig rechts auf rechts aufeinander und nähen Sie sie an den seitlichen und unteren Kanten zusammen.
4. Mit dem Futter ebenso verfahren, hier jedoch an einer seitlichen Kante eine Wende-öffnung (ca. 4 cm) lassen.

5. Ziehen Sie Futter und Außenhülle rechts auf rechts übereinander und nähen Sie sie entlang der oberen Kanten zusammen.
6. Hülle wenden, Öffnung von Hand mit Überwendlichstichen* schließen und das Futter in die Außenseite stülpen.

7. Bügeln Sie die oberen Kanten flach. Schlagen Sie die Klappe nach vorne um.
8. Bringen Sie an der Klappe im Abstand von ca. 0,5 cm zur vorderen Kante das Druck-knopfoberteil und passend dazu auf dem Hüllenvorderteil das Druckknopfunterteil an.

Retro-Kamera

»Alt« schützt »Neu« mit dieser Filzhülle.

Diese Hülle eignet sich für ein Smartphone mit den Maßen 6,5 x 12,5 x 1 cm. Für andere Geräte können Sie die Schnittteile wie auf Seite 3 beschrieben anpassen. Breite + Tiefe + 1,5 cm x Höhe + Tiefe + 1 cm

Vorbereiten:

Fertigen Sie die Schnittteile an. Die Vorlagen finden Sie auf dem Bogen A.

Material:

· Textilfilz, dunkelgrau: 20 x 35 cm
· Bastelfilz, hellgrau: 20 x 35 cm
· Bastelfilz, hellblau: ca. 4 x 20 cm
· kleine Stücke Bastelfilz, mittelblau, hellgrau, schwarz und weiß
· 1 Knopf, 20 mm Ø, schwarz
· 1 Knopf, 12 mm Ø, rot
· 1 Knopf, 10 mm Ø, hellblau
· Sticktwist: hellblau, weiß, schwarz, hellgrau und rot
· Klebestift

Zuschneiden:

Textilfilz, dunkelgrau:
· 2x das Vorder-/Rückteil (Außenhülle)

Bastelfilz, hellgrau:
· 2x das Vorder-/Rückteil (Futter)
Restliche Bastelfilzfarben:
· Applikationsteile gemäß der Abbildung

So wird's gemacht:

1. Legen Sie die Applikationsteile nach und nach gemäß der Abbildung auf ein dunkelgraues Rechteck und fixieren Sie die Teile jeweils mit etwas Klebestift.
2. Applizieren Sie die Teile von Hand mit passendem Sticktwist (2- oder 3-fädig) gemäß der Abbildung mit Vorstichen* bzw. mit Überwendlichstichen*.
3. Nähen Sie die Knöpfe auf.
4. Unterlegen Sie das Vorderteil und das Rückteil zunächst mit einem Futter-Rechteck und legen Sie dann die Lagen mit den Futterseiten aufeinander.
5. Nähen Sie die Lagen an den seitlichen und unteren Kanten mit Langettenstichen* mit rotem Sticktwist zusammen. Beginnen bzw. beenden Sie die Naht an den seitlichen Kanten jeweils unterhalb des hellblauen Streifens.
6. Umnähen Sie die oberen Kanten der Vorderteile sowie der Rückteile mit gleichem Stich.

Waschbär

Ein tierischer Gangster tummelt sich hier im Grünen.

Diese Hülle eignet sich für ein Tablet mit den Maßen 24 x 16 x 1 cm.
Für andere Geräte lassen sich die Zuschnitt-Maße nach der allgemeinen Formel auf Seite 2 berechnen.

Material:

· Baumwollstoff, hellblau-ocker mit Waldmotiv: 25 x 60 cm
· Baumwollstoff, grau mit weißen Pünktchen: 15 x 15 cm
· Bastelfilz, hellblau: 25 x 60 cm
· Bastelfilz, weiß: 6 x 6 cm
· Bastelfilz, schwarz: 6 x 6 cm
· Dünnes, aufbügelbares Volumenvlies: 25 x 60 cm
· Doppelseitig klebendes Appliziervlies: 10 x 25 cm
· Nähgarn: grau und hellblau
· Sticktwist: grau, schwarz und weiß
· Gummikordel, 4 mm Ø, schwarz: ca. 15 cm
· Klebestift
· Holzknopf, 25 mm Ø

Vorbereiten:

Pausen Sie die Vorlagen auf das Applizier-vlies, siehe Applizieren*.
Die Vorlagen finden Sie auf dem Bogen B.

Zuschneiden:

Baumwollstoff, hellblau-ocker:
· 2 Rechtecke à 27 x 19 cm (Vorder-/Rückteil)
Bastelfilz, hellblau
· 2 Rechtecke à 27 x 19 cm (Futter)
Volumenvlies:
· 2 Rechtecke à 27 x 19 cm
Baumwollstoff, grau:
· Applikationsteile Schwanz, Kopf und Oberkörper
Bastelfilz:
· Restliche Applikationsteile gemäß Abbildung

So wird's gemacht:

1. Unterbügeln Sie Vorder- und Rückteil mit Volumenvlies.

2. Applizieren Sie die Teile gemäß der Abbildung auf ein hellblau-ocker gemustertes Rechteck (= Vorderteil), dabei zuerst den Baumstamm aufbügeln und knappkantig mit Geradstichen aufsteppen. Dann nach und nach die weiteren Teile aufbügeln. Körper, Kopf und Schwanz mit dichten Zickzack-stichen mit der Nähmaschine aufsteppen. Die restlichen Teile nähen Sie mit Überwend-lichstichen* (2-fädig) fest. Für die Nase sticken Sie einen Kreis von ca. 6 mm Ø mit Plattstichen* in Schwarz, die Augen sticken Sie mit Knötchenstichen* in Weiß.

3. Legen Sie Vorder- und Rückteil rechts auf rechts aufeinander und nähen Sie beide Teile an den seitlichen Kanten und der oberen Kante zusammen.

4. Nähen Sie das Futter wie die Außenseite zusammen, hier jedoch an einer seitlichen Kante eine Wendeöffnung (ca. 4 cm) lassen. Futter wenden.

5. Ziehen Sie Futter und Außenseite rechts auf rechts übereinander.

6. Legen Sie die Gummikordel zur Hälfte und verknoten Sie die Enden. Die Schlaufe stecken Sie an der offenen Kante der Vorderseite mittig zwischen die Lagen. Die Schlaufe zeigt nach innen, der Knoten steht am Rand über.

7. Nähen Sie die Teile entlang der offenen Kanten zusammen.

8. Wenden Sie die Hülle. Schließen Sie die Öffnung mit Überwendlichstichen und stülpen Sie das Futter in die Außenseite.

9. Nähen Sie den Knopf passend zur Schlaufe auf das Rückteil.

38

 # Fuchs

Dieser kleine Filz-Fuchs schmiegt sich schützend um Ihr Smartphone.

Diese Hülle eignet sich für ein Smartphone mit den Maßen 6 x 12,3 x 0,7 cm.
Für andere Geräte können Sie die Schnittteile wie auf Seite 3 beschrieben anpassen. Breite + Tiefe + 1 cm x Höhe + Tiefe + 1,5 cm Passen Sie den Kopf in der Breite an das neue Teil an und korrigieren Sie dabei evtl. den unteren Schnauzenrand, damit die Schnauzenspitze nicht zu breit wird.

Material:

· Bastelfilz, braun: 15 x 30 cm
· Bastelfilz, rotbraun: 15 x 30 cm
· Bastelfilz, cremeweiß: 10 x 10 cm
· Bastelfilz, schwarz: 5 x 5 cm
· Sticktwist: braun, rotbraun, cremeweiß, schwarz
· Textilkleber

Vorbereiten:

Fertigen Sie die Schnittteile an.
Die Vorlagen finden Sie auf dem Bogen B.

Zuschneiden:

Bastelfilz, braun:
· 2x das Vorder-/Rückteil
Bastelfilz, rotbraun:
· 2x das Vorder-/Rückteil
· 1 Gesicht
· 1 Pfote
· 1 seitenverkehrte Pfote
Bastelfilz, cremeweiß:
· 1 Bauch
· 2 Augen
· 2 Ohren
Bastelfilz, schwarz:
· 2 Pupillen
· 1 Schnauze

So wird's gemacht:

1. Fixieren Sie mit einigen Tropfen Textilkleber Bauch und Pfoten gemäß der Vorlage auf dem Vorderteil in Braun und nähen Sie die Teile jeweils mit passendem Sticktwist (2-fädig) mit Überwendlichstichen* auf.

2. Fixieren Sie die Augen gemäß der Vorlage mit einigen Tropfen Textilkleber auf dem Gesicht. Nähen Sie die Augen mit Sticktwist (2-fädig) mit Überwendlichstichen auf. Fixieren Sie auf den Augen die Pupillen und nähen Sie sie genauso auf.

3. Kleben Sie nun das entstandene Gesicht auf das Vorderteil und nähen Sie es entlang der unteren Kante auf. Danach wird noch die Schnauze fixiert und aufgenäht.

4. Kleben Sie nun den zweiten Zuschnitt in Braun links auf links hinter das verzierte Vorderteil.

5. Nähen Sie den oberen Rand mit passendem Stickgarn mit Überwendlichstichen zusammen.

6. Für das Rückteil werden die beiden rotbraunen Teile ebenfalls links auf links aufeinander geklebt. Die oberen Kanten wie beim Vorderteil zusammennähen.

7. Legen Sie Vorder- und Rückteil links auf links aufeinander.

8. Nähen Sie die seitlichen und die unteren Kanten mit Überwendlichstichen zusammen.

Leinen los!

Anker

Nicht nur Seefahrer freuen sich über diese Hülle
mit Wellenmotiv und Ahoi-Anhänger.

Diese Hülle eignet sich für ein Smartphone
mit den Maßen 6 x 12 x 1 cm.
Für andere Geräte können Sie die Schnitt-
teile wie auf Seite 3 beschrieben anpassen.
Außenhülle:
Vorderteil mit Klappe: Breite + Tiefe + 2 cm
x Höhe + Tiefe + 8,5 cm
Rückseite: Breite + Tiefe + 2 cm x Höhe +
Tiefe + 2 cm
Futter:
Vorderteil mit Klappe: Breite + Tiefe + 1 cm
x Höhe + Tiefe + 7,5 cm
Rückseite: Breite + Tiefe + 1 cm x Höhe +
Tiefe + 1 cm

Material:

· Baumwollstoff, blau mit Wellenmotiv:
  25 x 30 cm
· Bastelfilz, dunkelblau: 25 x 25 cm
· Bastelfilz, rot: 10 x 15 cm
· Dünnes, aufbügelbares Volumenvlies:
  25 x 30 cm
· Doppelseitig klebendes Appliziervlies:
  10 x 15 cm
· Baumwollkordel, rot-weiß: ca. 30 cm
· Sticktwist, rot

· 1 Metallöse, 5 mm Ø, silber
· Satinband, 5 mm breit, rot: ca. 20 cm
· 2 kleine Holzperlen, blau und weiß
· Buchstabenperlen: A, H, O, I
· Nähgarn in passenden Farben
· 1 Plastikdruckknopf, 12 mm Ø, rot
· Textilkleber

Vorbereiten:

Fertigen Sie die Schnittteile an. Pausen
Sie den Anker auf das Appliziervlies, siehe
Applizieren*.
Die Vorlagen finden Sie auf dem Bogen B.

Zuschneiden:

Baumwollstoff:
· 1 Vorderteil mit Klappe (Außenhülle)
· 1 Rückteil (Außenhülle)
Bastelfilz, dunkelblau:
· 1 Vorderteil mit Klappe (Futter)
· 1 Rückteil (Futter)
Volumenvlies:
· 1 Vorderteil mit Klappe
· 1 Rückteil
Bastelfilz, rot:
· Anker-Applikation

So wird's gemacht:

1. Unterbügeln Sie die Baumwollzuschnitte mit Volumenvlies.

2. Ziehen Sie die Papierschicht vom Appliziervlies ab und legen Sie den Anker leicht schräg auf das Vorderteil. Drapieren Sie die Kordel gemäß der Abbildung um den Anker. Kordelenden seitlich je 1 cm überstehen lassen und jeweils mit etwas Klebstoff bestreichen, damit sich die Kordel nicht aufzwirbelt. Bügeln Sie den Anker fest. Falls Sie keine Baumwollkordel haben, oder sich dessen nicht ganz sicher sind, decken Sie die Teile mit einem Bügeltuch ab.

3. Nähen Sie nun zunächst die Kordel mit weißem Nähgarn auf, anschließen nähen Sie den Anker mit rotem Sticktwist (2-fädig) mit Überwendlichstichen* fest.

4. Legen Sie das Vorderteil rechts auf rechts auf das entsprechende Filz-Futterteil und nähen Sie die Lagen rundum zusammennähen, dabei an einer seitlichen Kante eine Wendeöffnung (ca. 4 cm) lassen. Vorderseite wenden, Nahtzugaben nach innen legen und die Öffnung von Hand mit Überwendlichstichen schließen.

5. Nähen Sie die Teile für die Taschenrückseite genauso zusammen. Steppen Sie den oberen Rand knappkantig ab.

6. Legen Sie nun die Vorderseite mit Klappe und die Rückseite links auf links an den unteren Rändern kantenbündig aufeinander.

7. Steppen Sie die seitlichen Ränder und die unteren Ränder mit ca. 6 mm Abstand zu den Außenkanten zusammen und fortlaufend den Klappenrand ab. Nähen Sie am Übergang der Tasche zur Klappe mehrmals einige Stiche vor und zurück um diese Stelle gut zu sichern.

8. Mit 1,5 cm Abstand zur seitlichen Kante, knapp oberhalb der oberen Kante des Rückteils eine Öse in das Vorderteil einschlagen.

9. Ziehen Sie das Satinband in die Öse ein, Bandhälften mit etwas Abstand zur Öse verknoten, auf jedes Bandende eine Perle ziehen und das Bandende verknoten.

10. Ziehen Sie in gleicher Weise ca. 20 cm Sticktwist dazu ein, hier jedoch an einem Ende die Buchstabenperlen auffädeln.

11. Bringen Sie an der Klappe im Abstand von ca. 1,5 cm vorderen Kante das Druckknopfoberteil und passend dazu auf dem Hüllenrückteil das Druckknopfunterteil an.

Schiff Ahoi

Sicher verpackt kann dieses Tablet jede Reise antreten.

Diese Hülle eignet sich für ein Tablet mit den Maßen 16 x 24 x 1 cm.
Für andere Geräte lassen sich die Zuschnitt-Maße wie folgt berechnen:
Außenhülle:
Unteres Vorderteil: Breite + Tiefe + 2 cm x ⅔ der Höhe + 3 cm
Oberes Vorderteil mit Klappe: Breite + Tiefe + 2 cm x ⅓ der Höhe + 11 cm
Rückteil: Breite + Tiefe + 2 x Höhe + Tiefe +2 cm
Futter:
Vorderteil: Breite + Tiefe + 2 cm x Höhe + 12,5 cm
Rückteil: Breite + Tiefe + 2 cm x Höhe + Tiefe + 2 cm

Material:

· Baumwollstoff, blau mit Wellenmotiv: 25 x 25 cm
· Baumwollstoff, hellblau mit maritimen Motiven: 25 x 50 cm
· Bastelfilz, dunkelblau: 25 x 65 cm
· Bastelfilz, weiß: 10 x 20 cm
· Dünnes, aufbügelbares Volumenvlies: 25 x 65 cm

· Zackenlitze: je 14 cm hell- und dunkelblau sowie 19 cm rot
· Sticktwist: weiß und schwarz
· 1 Plastikdruckknopf, 12 mm Ø, hellblau

Vorbereiten:

Pausen Sie Boot und Spruchband auf das Appliziervlies, siehe Applizieren*.
Die Vorlagen finden Sie auf dem Bogen A.

Zuschneiden:

Baumwollstoff, blau:
· 1 Quadrat à 19 x 19 cm (Unteres Vorderteil)
Baumwollstoff, hellblau:
· 1 Quadrat à 19 x 19 cm (Oberes Vorderteil mit Klappe)
· 1 Rechteck à 19 x 27 cm (Rückteil)
Bastelfilz, dunkelblau:
· 1 Rechteck à 19 x 36,5 cm (Futter-Vorderteil)
· 1 Rechteck à 19 x 27 cm (Futter-Rückteil)
Volumenvlies:
· 1 Rechteck à 19 x 36,5 cm
· 1 Rechteck à 19 x 27 cm
Bastelfilz, weiß:
· Applikationen Boot und Spruchband

So wird's gemacht:

1. Nähen Sie das untere Vorderteil und das obere Vorderteil mit Klappe zusammen. Steppen Sie die rote Zackenlitze auf der rechten Seite über die Naht.

2. Unterbügeln Sie das gesamte Vorderteil sowie das Rückteil mit Volumenvlies.

3. Applizieren Sie das Boot gemäß der Abbildung mit Vorstichen* mit schwarzem Sticktwist (2-fädig) auf das blaue Quadrat des Vorderteils. Zeichnen Sie gemäß der Vorlage die innen liegenden Linien des Bootes mit einem feinen Bleistift auf und nähen Sie die Linien mit gleichem Stich nach.

4. Applizieren Sie das Spruchband in weißem Sticktwist (2-fädig) mit Überwendlichstichen* auf das hellblaue Quadrat des Vorderteils. Zeichnen Sie die Buchstaben mit einem feinen Bleistift auf und nähen Sie die Linien mit schwarzem Sticktwist (2-fädig) mit Rück-Steppstichen* nach.

5. Steppen Sie die hellblaue und die blaue Zackenlitze abbildungsgemäß auf.

6. Legen Sie das Vorderteil rechts auf rechts auf das entsprechende Futterteil und nähen Sie die Lagen rundum zusammen, dabei an einer seitlichen Kante eine Wendeöffnung (ca. 4 cm) lassen. Vorderseite wenden, Nahtzugaben nach innen legen und die Öffnung von Hand mit Überwendlichstichen schließen.

7. Nähen Sie die Teile für die Hüllenrückseite genauso zusammen. Steppen Sie den oberen Rand knappkantig ab.

8. Legen Sie nun die Vorderseite mit Klappe und die Rückseite mit den unteren Rändern kantenbündig links auf links aufeinander.

9. Steppen Sie die seitlichen Ränder und die unteren Ränder mit ca. 6 mm Abstand zu den Außenkanten zusammen und fortlaufend den Klappenrand ab. Nähen Sie am Übergang der Tasche zur Klappe mehrmals einige Stiche vor und zurück um diese Stelle gut zu sichern.

10. Bringen Sie an der Verschlussklappe im Abstand von ca. 1,5 cm zur vorderen Kante das Druckknopfoberteil und passend dazu auf dem Hüllenrückteil das -unterteil an.

Impressum

Entwürfe: Ella Hartmann: Seiten 4-15, 19-21, 24-26, 34-38 und 42-47; Cecilia Hanselmann: Seiten 16-18, 22-23, 27-33 und 39-41
Fotos: Uli Glasemann
Styling: Elke Reith
Lektorat: Gabriela Reuß
Technische Zeichnungen: Carsten Bachmann
Vorlagebogen: Beate Schmitz
Redaktion: Astrid Spüler
Gesamtgestaltung und Satz: GrafikwerkFreiburg
Reproduktion: RTK & SRS mediagroup GmbH
Druck und Bindung: Ömür Printing, Istanbul

ISBN 978-3-8410-6336-6
Art.-Nr. 6336

© 2015 Christophorus Verlag GmbH & Co. KG
Freiburg

Bezugsquellen

· Adlico Textile Aps, Ikast
  www.adlico.dk
· Freudenberg Vliesstoffe SE + Co KG, Weinheim
  www.vlieseline.com
· Gütermann GmbH, Gutach/Breisgau
  www.guetermann.com
· Kurt Frowein GmbH & Co. KG, Wuppertal
  www.kurt-frowein.de
· Prym Consumer Europe GmbH, Stolberg
  www.prym-consumer.com
· Quiltzauberei, Dinslaken
  www.quiltzauberei.de
· Stof A/S, Herning
  www.stof.dk
· Westfalenstoffe AG, Münster
  www.westfalen.de
· Zweigart & Sawitzki GmbH & Co. KG, Sindelfingen
  www.zweigart.de

(C) Kreativ-Service

Sie haben Fragen zu den Büchern und Materialien? Frau Erika Noll ist für Sie da und berät Sie rund um alle Kreativthemen. Rufen Sie an! Wir interessieren uns auch für Ihre eigenen Ideen und Anregungen. Sie erreichen Frau Noll per E-Mail: **mail@kreativ-service.info** oder Tel.: **+49 (0) 5052/91 18 58** Montag–Donnerstag: 9–17 Uhr / Freitag: 9–13 Uhr

Besuchen Sie uns im Internet: www.christophorus-verlag.de